AF456305

PLUS D'IMPOTS!

RESSOURCES FINANCIÈRES

POUR NOUS LIBÉRER DE LA DETTE PUBLIQUE ET FAIRE FACE A TOUTES LES NÉCESSITÉS PÉCUNIAIRES D'UN GOUVERNEMENT DÉMOCRATIQUE.

LA SOLUTION DU PROBLÈME EST DANS L'INSTITUTION

D'UNE

BANQUE NATIONALE,

PAR FRÉDÉRIC BUCHHOLTZ

(DE WISSEMBOURG).

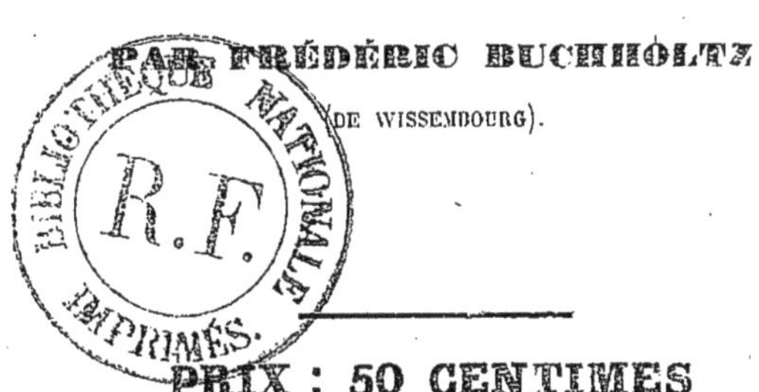

PRIX : 50 CENTIMES

VENDU AU PROFIT DE NOS FRÈRES NÉCESSITEUX.

PARIS

CHEZ L'AUTEUR, RUE NEUVE-DES-CAPUCINES, 4,

ET CHEZ LES PRINCIPAUX LIBRAIRES.

1848

CITOYENS REPRÉSENTANTS, ÉLECTEURS!

« Avez-vous besoin d'une bonne institution?
« Préparez les esprits, par la presse, à com-
« prendre le bien que vous voulez faire. »
(SIEYÈS.)

L'homme a des besoins, il est de sa nature de les satisfaire; son instinct l'y porte : le plus souvent c'est une nécessité, c'est la condition de son existence; ce n'est donc pas seulement une question de bien-être, de jouissance terrestre, mais aussi de vie ou de mort : loi divine que l'individu ne doit pas enfreindre, et que notre société moderne, la nation française qui a inscrit sur son drapeau les mots de Fraternité, Égalité, Liberté, ne peut laisser violer plus longtemps.

Frapper d'impôts ce qui est nécessaire à l'existence même de son frère, quand le mot *Fraternité* est inscrit sur notre drapeau, ce n'est pas seulement une ironie impardonnable, c'est une amère et monstrueuse iniquité.

Sous la monarchie, on entendait périodiquement le chef de l'État, sous la dictée de ses ministres, et dont quelques-uns, passant pour des esprits éminents, se retrouvent au milieu de notre Assemblée constituante, on l'entendait, dis-je, nous répéter que la prospérité de la France ne faisait qu'augmenter. Je ne veux pas croire qu'ils mentaient sciemment; mais je prétends qu'ils n'avaient jamais fixé les yeux là où il le fallait, c'est-à-dire sur nos campagnes, où le travail pénible de la terre est à peine rémunéré pour suffire aux besoins les plus impérieux ; sur ces ateliers, où la misère plus que le travail use l'ouvrier ; sur ces agglomérations de prolétaires, que désormais il faudrait bien appeler producteurs (le nom de prolétaire devant être proscrit dans une république démocratique), décimés prématurément par la mort ou succombant à la dignité du titre d'hommes, accablés par la misère, la faim, les maladies, suant jusque dans leur linceul (car même la mort est imposée), ces gouttes tombant dans les caisses des percepteurs, receveurs, etc., qui les dirigent comme des ruisseaux vers ce gouffre appelé budget, vrai râtelier des fonctionnaires, grands et petits, où s'engloutit tout, jusqu'à l'honneur.

Dans une république, des institutions qui font aboutir à de pareils résultats n'ont pas besoin d'être jugées.

Le peuple, dans son omnipotence, s'est prononcé le 24 février : le trône a disparu, pour faire place aux droits de tous ; le gouvernement issu de ses acclamations a décrété l'abolition des privilèges, en décrétant le suffrage universel ; aujourd'hui, c'est à l'intelligence humaine à créer des ressources pour suppléer l'impôt, cause de toutes les misères, mais dont la responsabilité, hâtons-nous de le dire, ne revient pas à la République : elle pèse de tout son poids sur le dernier gouvernement.

Plus d'impôts, sinon point de bonheur pour le travailleur, pas plus sous une république que sous une monarchie.

Gouvernants, citoyens envoyés à l'Assemblée nationale pour constituer le gouvernement républicain, voilà le problème posé ! Sa solution est, pour moi, dans le chiffre d'un fonds de roulement d'une bonne banque nationale, opérant avec des valeurs hypothécaires, reposant sur la richesse territoriale, et garantie par la loyauté et l'honneur du peuple français.

Citoyens représentants, de cette résolution hardie, énergique comme le mal qui nous mine, dépend l'avenir de la République que vous êtes appelés à constituer. Le capital s'est submergé avec la dynastie qui a sombré au souffle du peuple : il se retrouvera ; mais depuis longtemps il était insuffisant : le crédit, en le remplaçant, le multipliait ; mais le crédit ne reparaîtra que le jour où vous aurez créé le capital, qui seul est le vrai, l'indispensable instrument du travail. L'erreur de nos économistes, c'est de prendre l'effet pour la cause, en disant : « Point de crédit, point d'argent ; » alors qu'ils devraient dire : « Point de capital, point de crédit. »

Que diriez-vous d'un commerçant qui préférerait aller tête baissée à la banqueroute, plutôt que d'hypothéquer sa propriété, d'engager sa signature ? Ce qui est vrai pour l'individu s'applique également à notre société actuelle. Je ne répondrai pas à cette question : la réponse est trop facile, et j'ai hâte de dire que nos prétendus hommes d'État d'aujourd'hui méritent, sous plus d'un rapport, l'épithète qui vous vient sur les lèvres.

Indulgent par nature, ne désirant que la grandeur de mon pays, le bonheur de mes semblables, le triomphe des institutions proclamées le 24 février, l'accomplissement du rêve de toute ma vie, je ne taxerai pas cette action de crime, pas même d'incapacité. On n'est pas criminel quand dans sa conscience on croit bien faire ; on n'est pas incapable parce qu'on croit que par une marche lente et graduelle on arrivera au but vers lequel, je crois, nous tendons tous ; mais je crains, eu égard aux circonstances, qu'on n'ait pas l'intelligence de notre position, au milieu de cette vieille Europe ; je prétends qu'on n'a pas, ou du moins que peu ont compris le mouvement social actuel ; je crois que l'entourage, ces harpies de tous les régimes, obscurcit la vue de ceux auxquels le peuple a confié le soin de sa destinée ; je dis que les ennemis seuls de nos nouvelles institutions cherchent à rendre impuissants ceux qui ont accepté la mission de nous guider dans la voie du progrès. Je vous conjure donc, au nom de cette République même, de ne pas faire du neuf avec du vieux. Laissons la monarchie sous ses décombres, de crainte qu'en se servant de quelques-uns de ses matériaux, notre République ne se ressente de cette origine. Souvenons-nous que toutes les monarchies croulent, et que surtout la dernière chez nous s'est décomposée par la corruption. C'est du nouveau, c'est un sang régénéré qu'il faut à notre nouvelle forme de gouvernement, la République démocratique : l'âme de celle-ci, c'est un capital social, c'est-à-dire une mise de fonds collective, créée du consentement de tous les membres de la même famille.

Qu'est, du reste, un capital pour l'homme qui veut travailler? sinon un signe conventionnel, représentatif d'une valeur déterminée, facilement fractionnable, destiné à servir d'échange pour les besoins de tous les jours, et faciliter les transactions de toutes espèces (1).

Pour que ce signe représentatif ait une valeur réelle, il faut qu'il repose sur une matière transmissible à son tour, comme les métaux, la propriété foncière, un produit industriel. Les métaux ne suffisent plus depuis longtemps aux besoins des transactions qui se font journellement dans le monde. La propriété foncière sert depuis longtemps de garantie pour une somme de beaucoup supérieure à notre richesse monétaire, puisque, de l'aveu même de nos adversaires, la dette hypothécaire monte à plus de douze milliards ! Qu'en conclure, si ce n'est qu'il faut que la propriété foncière (et ce mot de fonds, qui ne veut dire autre chose que valeur réelle, le prouve de reste) soit la plus solide garantie, puisqu'elle a trouvé au moins quatre à cinq fois la valeur de tout notre numéraire. Quant aux produits industriels, ils ne peuvent servir de garanties que sur consignations, attendu qu'ils sont sujets non-seulement à trop de variations dans les prix, mais surtout à des détériorations : et, chose bizarre, c'est dans cet expédient qu'on a cherché le remède au mal qui nous ronge, grands et petits, et qui menace de faire sombrer le vaisseau de l'État.

Sous un gouvernement républicain, c'est-à-dire sous un gouvernement de tous par tous, l'État seul doit avoir le droit de disposer de la faculté de créer et de multiplier les ressources financières ; car sous cette forme de gouvernement, ce n'est plus un individu, ce n'est plus une famille, ce n'est pas une caste, ce n'est pas un nombre plus ou moins grand de privilégiés qui en profitent, c'est tous : et l'intérêt de tous, n'est-ce pas un devoir dont un gouvernement, sorti du suffrage universel, ne peut se départir?

Que manque-t-il à notre jeune République, à cette France peuplée de plus de 35 millions d'habitants, qui se nomment les enfants d'une même patrie? Ce n'est pas un sol fertile : sa richesse territoriale,

(1) Que les professeurs d'économie politique me pardonnent si je ne copie pas la définition dans leurs ouvrages.

ses productions agricoles, peuvent être et sont enviées par tous les peuples connus; son génie industriel, les produits sortant de ses milliers de manufactures de toutes espèces, peuvent entrer et sont en concurrence avec ceux de toutes les autres nations ; son intelligence n'a-t-elle pas servi de phare à la civilisation moderne? Les sciences, les arts, où trouve-t-on plus de représentants d'une intelligente activité? Ses jeunes générations qui se succèdent ont-elles jamais manqué de courage, de bravoure, d'héroïsme, de dévouement à la patrie, à l'humanité? L'histoire en répond, et ses feuilles n'ont pas encore enregistré toutes ses gloires! Et, malgré tous ces dons du Créateur, malgré cette puissance due à sa centralisation, qui est le secret de sa force, et qu'elle a mise entre vos mains le lendemain de la victoire populaire; cette nation s'arrêterait dans sa marche ascendante vers la perfectibilité humaine, comme une locomotive déraillée, faute de quoi?... du numéraire, qui a peur, à ce qu'assurent les habiles! Non, ce n'est pas la peur seule qui est la cause de la disparition du numéraire, c'est le mauvais vouloir, c'est la haine pour la République, qui promet une protection égale à tous et abolit les priviléges de quelques-uns; je le dis et le répète hautement, c'est le mauvais vouloir de ces derniers qui fait que nous nous appauvrissons tous les jours. Sachons, du moins, profiter de nos malheurs! qu'ils nous servent d'enseignement. Organisons ce qu'on appelle le crédit de manière à ce que les dix plus riches capitalistes d'un pays comme la France ne restent plus les maîtres, en quelque sorte, de la vie et de la mort de leurs concitoyens, selon le plus ou moins de confiance que leur inspire une forme de gouvernement.

Représentants de la France, oublierez-vous que vous avez été envoyés pour faire autre chose que de continuer les errements de vos devanciers? Vous les élus du peuple, non de cette fraction qui payait 200 francs, mais de la nation entière, qui donne jusqu'à son sang toutes les fois que ses intérêts et surtout l'honneur le lui commandent.

Ne craignez-vous pas que les nécessités sociales, si vous ne vous hâtez par quelques mesures proportionnées à l'ouvrage du peuple, qui a chassé en moins de dix-huit ans deux dynasties, ne vous devancent, et qu'à côté des *bornes* de la monarchie, des *satisfaits* du dernier règne, on ne range les *eunuques* du gouvernement populaire, les *impuissants* de notre ère nouvelle?

Qui dit emprunt, dit banqueroute :— le peuple ne veut et ne peut plus vouloir du premier, qui enrichit quelques-uns au détriment du plus grand nombre (ce qui est une anomalie, pour ne pas dire une monstruosité, une iniquité dans une république); l'honneur national ne pardonnerait jamais à ceux qui l'auraient fait aboutir à la dernière. Le grand problème à résoudre, et je vous en donne la solution, c'est d'éviter la banqueroute pendant qu'il en est encore temps; car elle est inévitable avec le système d'emprunts par lequel on nous traite comme ces fils prodigues de bonne maison, tombés dans les mains des usuriers.

Hâtez-vous d'organiser, par de grandes mesures dignes d'une grande nation, cette République qui veut que toutes les autres nations reprennent, à son exemple, la marche vers les destinées que l'instinct des masses fait entrevoir à l'humanité.

La question capitale est dans l'organisation d'un vaste système financier qui suffise au développement colossal de l'activité humaine, en constituant une Banque nationale immobilière dont le produit, comme bénéfice, profitera à tous.

Décrétez donc :

I. La création de vingt-cinq milliards de valeurs nationales hypothécaires, garanties par cinquante et même soixante-quinze milliards de richesses nationales.

1° Chaque valeur de vingt francs reposant ainsi sur une garantie immobilière de quarante à soixante francs, ces valeurs seront placées entre les mains du gouvernement, seul banquier ayant le privilége de prêter sur hypothèque, pour servir de fonds de roulement à la Banque nationale, laquelle ne pourra, sous aucun prétexte, dépasser ce chiffre, qui, du reste, est nécessaire, mais aussi suffisant.

2° La Banque nationale de la République française sera organisée sous les auspices du ministre des finances; elle aura son siége principal à Paris, et un comptoir au chef-lieu de chaque département.

3° La surveillance sera exercée sous la responsabilité du chef de l'État, président de la République; du ministre des finances et du directeur de la Banque.

4° Comme surveillance spéciale, et pour la régularité des opérations qui doivent se faire suivant le mode et avec toutes les précautions des billets de la Banque actuelle, sur livre à souche et numéroté, l'Assemblée nationale nommera tous les ans un comité de finances chargé de valider hebdomadairement les émissions votées par l'Assemblée.

5° Pour cette émission, il sera créé des billets de cinq cents francs, de cent francs et de vingt francs, à l'instar des billets de la Banque actuelle et avec toutes les formalités et précautions, comme qualité de papier et signatures, détachés sur souches, et qui porteront pour inscription :

République française;

Banque nationale;

Valeur hypothécaire;

Garantie à tout porteur par le gouvernement et consentie par la nation française;

La loi punit le contrefacteur des travaux forcés à perpétuité.

Et seront revêtus des signatures du président de la République, du ministre des finances, du président du comité des finances et du directeur de la Banque immobilière, avec la date de leur création, consentie par un vote de l'Assemblée nationale.

6° Ces valeurs auront cours forcé par tout le territoire de la République et ses possessions d'outre-mer. Les tentatives de dépréciation, dûment constatées, seront punies d'une peine d'emprisonnement et d'une amende pécuniaire proportionnées à l'importance des valeurs, l'Etat les recevant pour toute espèce de payements, et en tout temps, pour la totalité de la somme énoncée.

L'institution de cette banque permettra à l'État : de rembourser dès aujourd'hui toute la dette publique, qu'il faut payer intégalement, non pas au taux du cours de la bourse, mais au taux des adjudications, contre la remise des titres aux porteurs des coupons de rentes, avec intérêts jusqu'au jour de la promulgation du présent décret. Point de spoliation : l'Etat doit ce qu'il a reçu : point de faillite, mais un remboursement intégral, sauf quelques exceptions pour les vieillards, etc., dont les droits doivent être respectés, et que des règlements supplémentaires spécifieront.

De cette manière on dégrèvera les contribuables de plus de trois cents millions, et les contribuables c'est nous tous et particulièrement le travailleur, le producteur, l'homme véritablement utile à la société, par conséquent le plus digne de la sollicitude d'un gouvernement paternel.

II. De rembourser toutes les dettes hypothécaires, en restant créancier à son tour pour celles des mineurs, etc. L'Etat jouissant dorénavant seul du privilége de prêter sur hypothèque, en demandant aux emprunteurs un remboursement par annuités d'un vingtième pendant trente ans, ce qui constituera un revenu important pour les avances que l'Etat aura faites aux particuliers, tout en facilitant à celui qui contracte une dette, sa libération, qui aujourd'hui devient presque toujours pour l'emprunteur une cause de ruine. Le prêteur, l'Etat, y trouvera une ressource financière, de laquelle tous bénéficieront, même celui qui aura emprunté, parce qu'en définitive il n'aura servi que les intérêts à cinq pour cent sans avoir jamais besoin de rembourser le capital. Exemple : un cultivateur a besoin d'un capital de mille francs pour une acquisition quelconque ou une amélioration à introduire dans son exploitation agricole : s'il emprunte sur hypothèque, chez un particulier, il paye à raison de 5 %, cinquante francs par an d'intérêt : supposez qu'il garde cet argent pendant trente ans, il aura payé 1,500 francs d'intérêt et devra toujours les 1,000 francs ; supposez maintenant que ce soit l'Etat qui lui prête cette somme, il lui payera également cinquante francs par an, ou le vingtième des 1,000 francs ; mais au bout de trente ans il se sera libéré de sa dette, tout en n'ayant payé que 1,500 francs : il y a donc pour chaque somme de mille francs ainsi avancée, et sur garantie hypothécaire, un profit net de cinq cents francs pour l'Etat. Conclusion : bénéfice pour l'emprunteur 1,000 francs puisqu'il n'a pas de capital à restituer ; bénéfice pour l'Etat 500 francs par l'exploitation d'un privilége remplaçant l'impôt, qui pèse aujourd'hui principalement sur la classe la moins aisée.

Le capital créé, il faut trouver les moyens de le placer contre de bonnes garanties, et les meilleures sont celles sur lesquelles il repose lui même.

L'Assemblée nationale décrétera donc :

Art. 1er. Que dans les deux mois qui suivent la promulgation de la présente loi, tout créancier qui aura prêté n'importe quelle somme et à quel taux, sur hypothèque, est tenu de faire la déclaration du montant de sa créance, y compris les intérêts dus jusqu'à ce jour, et de produire tous les titres nécessaires à la justification de sa demande et les preuves de la réalité de la créance : faute de s'y conformer, il perdrait tout recours contre son débiteur. Il en serait de même pour ceux dont l'hypothèque serait postérieure au vote de la présente loi.

Art. 2. Dans le même espace de temps, tous les débiteurs, de leur côté sont sommés de déclarer les valeurs empruntées sur hypothèque, sur leurs immeubles, en énonçant la totalité des sommes dues, les noms de leurs créanciers, leurs domiciles, la date de la dette contractée, justifiant en même temps, par des titres authentiques, de la propriété des immeubles hypothéqués, et en produisant un extrait des cinq dernières années du rôle des contributions foncières, qu'on leur délivrera du reste gratuitement sur leur demande.

Art. 3. Après confrontation et constatation des débiteurs et de leurs créanciers, le ministre des finances procédera immédiatement au remboursement de toute dette hypothécaire.

Art. 4. Contre le payement du montant de la créance, le créancier abandonnera tous ses titres, qui seront déposés aux archives de la cour des comptes, et donnera un reçu constatant qu'il n'a plus de débiteur sur hypothèque. Le débiteur, de son côté, signera sur un livre à souche qui servira à constater que ses biens, énoncés avec tous les détails nécessaires, sont désormais hypothéqués par l'Etat pour la somme annoncée, et qu'il s'engage à payer le vingtième tous les ans, (ce qui n'excédera pas la somme des intérêts qu'on paye aujourd'hui), pendant trente ans. Dans le cas où il voudrait se libérer avant ce terme, ce dont il est toujours maître en payant intégralement la somme avancée lors de l'emprunt, les annuités payées jusqu'au jour où il désire s'acquitter de sa dette seraient envisagées comme les intérêts à cinq pour cent pour un prêt momentané, l'Etat ayant intérêt à placer le plus d'argent possible.

Art. 5. Tout propriétaire d'immeubles qui aura besoin de contracter un emprunt, après une demande adressée au ministre des finances, en produisant les titres qui constatent la réalité de sa possession, en y joignant l'extrait dûment certifié et contrôlé de la matrice du rôle des contributions foncières, et après estimation préalable par des experts jurés, nommés par des conseils généraux et accrédités par les préfets des départements où se trouve la propriété, pourra obtenir aux mêmes conditions, c'est-à-dire sur l'engagement de rembourser par vingtième pendant trente ans, des valeurs hypothécaires, jusqu'à concurrence de la moitié de l'estimation de l'immeuble inscrit sur le livre à souches du ministère des finances.

Art. 6. Dans le cas où un débiteur se trouverait en retard pour le versement du vingtième qu'il s'est engagé à payer, le ministre des finances autoriserait dans les six mois les poursuites à la charge du débiteur ; et en cas de non-payement après ce délai, il serait procédé, après sommations et affiches, à la vente immédiate de l'immeuble ou des immeubles engagés, jusqu'à concurrence de la somme avancée par l'Etat, y compris les frais d'expropriation. S'il n'y a pas d'acquéreurs pour la somme avancée par l'Etat, le ministre pourra déclarer l'immeuble acquis pour le compte de la nation.

L'extinction de la dette publique, le remboursement des dettes hypothécaires et les nouveaux prêts aux particuliers absorberont à peu près une somme de dix-huit à vingt milliards ; restent donc à peu près cinq millards, qui permettront à l'Etat :

III. De reprendre les chemins de fer, en indemnisant les porteurs des actions de la totalité des sommes réellement versées et employées. De cette manière on pourra les achever facilement et promptement pour les adjuger ensuite à des compagnies qui les exploiteront à leurs risques et périls, contre une somme déterminée, payée d'avance par trimestre, ce qui deviendra dès le jour de la mise en activité une ressource financière pour l'Etat.

Le surplus constituera la réserve du trésor national qui permettra à l'Etat d'atteindre le 1er janvier 1851, époque où il connaîtra l'intégralité de la recette de l'année 1850 ; mais dont il ne pourra disposer, pas plus que de la réserve, qu'avec le consentement de l'Assemblée nationale, qui déterminera, comme par le passé, l'emploi des deniers publics.

L'inventaire de cette banque sera fait à chaque fin d'année, et sa situation, ainsi que toutes les opérations, seront publiées. Il sera de plus facultatif à tout représentant du peuple de se faire représenter et d'examiner les comptes quand bon lui semblera, soit à Paris, soit dans les comptoirs des départements.

Les bénéfices nets serviront pour l'année à venir, ainsi que toutes les valeurs qui seront versées sous quelque forme que ce soit. De cette manière, on sera toujours d'une année en avance sur le budget.

Le résultat de cette mesure financière serait, comme on voit : 1° De nous libérer de notre dette publique et de verser par la même opération toute cette somme dans la circulation, seule condition où le capital, favorisant le travail, se multiplie réellement et profite à tous, tout en profitant au propriétaire ; 2° de faire connaître la fortune réelle de nos capitalistes, tout en refondant radicalement notre régime hypothécaire, ce labyrinthe qui est depuis longtemps une mauvaise garantie pour les prêteurs et une source de ruine pour les emprunteurs, et de procurer à l'Etat, qui deviendra prêteur exclusif, une ressource où il trouvera, dès la deuxième année, un bénéfice qui lui permettra, dès à présent, de renoncer aux contributions des portes et fenêtres, patentes, à toutes ces contributions vexatoires, telles que sur le sel, les boissons et autres objets de première nécessité, voire même d'abolir complément l'impôt : car si nous supposons que nos vingt-cinq milliards soient placés, chose possible, vu le développement que cette mesure imprimerait aux affaires, le revenu net du vingtième par an serait de douze cent cinquante millions, chiffre égal ou même supérieur au budget d'aujourd'hui, puisqu'il faut déduire l'intérêt de la dette publique : l'Etat serait donc plus riche par la seule ressource de la banque, sans faire payer d'impôts.

Comme banquier, l'Etat, par le fonctionnement de sa banque, réglera, suivant les besoins de la société, le crédit proprement dit ; car il est naturel qu'on ne vienne pas lui demander à prêter sur hypothèque tant que le taux des capitalistes ne sera pas trop élevé ! Du reste, chaque fois qu'on aura besoin de recourir à lui, cela ne peut être qu'une preuve de l'importance des transactions qui ont lieu, et ne pourra que bénéficier à tout le monde.

Par la confection des chemins de fer au compte de l'Etat, on évitera aux spéculateurs imprudents bien des ruines ; on terminera au plus tôt les plus importants, qui à mesure de leur achèvement deviendront, non-seulement une source de richesse nationale, mais aussi une branche de revenus ; leur exploitation adjugée à des compagnies permettra de fixer d'avance le produit de ce privilége.

En résumé, ma proposition, comme système financier, renferme trois points importants :

1° De nous libérer de la dette nationale, tout en respectant la propriété des capitalistes, qui, loin d'avoir le droit de se plaindre d'une spoliation, n'éprouveraient d'autre violence que celle d'être forcés de reprendre un capital, d'ailleurs très-problématique, et qui, sans l'adoption de ma mesure, serait englouti sous peu par une banqueroute inévitable. Cette mesure augmenterait la valeur des propriétés immobilières, parce qu'une maison rapportant, supposons, cinq mille francs, vaudrait cent mille francs, et donnerait en outre au propriétaire encore une somme de cinquante mille francs qu'il pourrait faire valoir dans une industrie. L'avoir de chacun serait donc en quelque sorte augmenté de moitié;

2° De nous créer une valeur, avec cours forcé il est vrai, mais reposant sur le sol, gage plus solide que la monnaie, qui ne produit rien quand on la laisse dormir ou quand on la cache; qui peut être volée et emportée par l'ennemi, voire même se déprécier, soit par de nouvelles découvertes de mines d'or et d'argent, soit par suite de nouvelles découvertes chimiques; tandis que les biens immobiliers ne peuvent qu'augmenter de valeur par la nouvelle impulsion que recevront l'agriculture, l'industrie et le commerce d'une mesure qui mettra à leur disposition le capital, pour lequel nous achetons aujourd'hui à la Russie la matière première, alors que cette puissance nous montre, en faisant elle-même du papier, qu'on peut s'en passer.

Je sais bien qu'un défenseur de tous les abus qui faisaient la félicité du régime monarchique, vous disait dernièrement : « Mais votre papier, c'est un signe d'indigence. » Comme si un pays tel que la France avait besoin, pour se rehausser aux yeux des autres nations, de briller par son or, semblable à ces prostituées couvertes de soie, velours et cachemires. Aux serviteurs de la monarchie l'honneur d'avoir su, pendant qu'ils étaient au pouvoir, dorer le piédestal d'un obélisque et les candélabres sur nos places publiques; aux républicains la satisfaction de sécher les larmes et de calmer les angoisses de la misère. Avocat du privilége, vous avez pu avoir assez d'intelligence sous la monarchie, où la ruse passait pour de l'habileté; mais, dans une république, vous n'avez pas assez de cœur et encore moins d'entrailles!

3° De décréter enfin, dès aujourd'hui, l'abolition de l'impôt.

C'est surtout par ce résultat, n'en doutez pas, que tous vos ennemis seront vaincus, et la République aimée.

Après un résultat pareil, est-il besoin de combattre les objections faites à la création des valeurs hypothécaires? Je ne le pense pas. Voyons cependant les trois grands arguments, car il en est jusqu'à trois.

1° Difficulté de les faire accepter. Mais qui niera leur valeur dépréciera par cela son propre terrain, sa propriété; et, comme presque tous ceux qui possèdent seront nantis de ces valeurs, ils les emploieront à solder les travailleurs, lesquels, en retour, payeront les objets nécessaires à leur consommation. Et pourquoi les refuserait-on, l'Etat les acceptant à son tour pour toute espèce de payements, et toujours pour l'intégralité de la valeur énoncée? Du reste, si l'Etat ne les remettait pas de nouveau en circulation, ce qui lui serait facile, s'il voulait continuer à percevoir les impôts iniques, tels que l'impôt des patentes, des portes et fenêtres, autrement dit le droit de respirer, les droits sur les boissons, le monopole du sel, etc., il faudrait bien, en supposant même qu'il émît jusqu'en 1850 les vingt-cinq milliards remboursables par vingtièmes pendant trente ans, que les emprunteurs trouvassent encore, pour se libérer intégralement en 1880, douze milliards cinq cents millions en monnaie. Car, ce qui est le plus important à remarquer, c'est que cette mesure, proposée dans l'intérêt de tous, a pour résultat que chaque billet de mille francs prêté par l'Etat, et qui ne lui coûte rien, lui revient dans un temps donné avec un bénéfice de cinq cents francs.

Du reste, on ne demande pas l'abolition du numéraire : on veut seulement prouver aux écus qu'une nation intelligente, qui sait produire par le travail, peut, à la rigueur, s'en passer, et qu'avec des institutions véritablement républicaines, ce n'est pas le travailleur, le producteur qui doit craindre de mourir de faim, mais plutôt le capitaliste, qui prétendrait avoir le droit de se croiser les bras alors que chacun se doit, suivant son degré d'intelligence, à l'intérêt de tous. Notre but est seulement de mettre tout le monde à l'abri quand nos docteurs en finances nous astreignent à un régime trop sévère. Je demande même que l'Etat continue de frapper de la monnaie, mais surtout beaucoup de pièces de un, deux, cinq, dix centimes, qu'il déposera dans des bureaux de change à l'instar des bureaux de tabac, de papier timbré, où l'on changera pour cinq centimes les billets de vingt francs, pour quinze ceux de cent francs, et pour vingt-cinq ceux de cinq cents, sans qu'on puisse jamais exiger un autre prix. Mais, comme cette monnaie est par trop gênante, il est présumable qu'on s'en débarrasserait plutôt que de la rechercher.

2° Assimilation aux assignats de notre première révolution. Assignats, mot terrible pour le financier et même pour tout homme qui aime la France ; car ce mot seul nous rappelle une triste quoique grande époque, en même temps que de terribles nécessités ; et c'est pour les éviter qu'il faut faire ressortir la différence de la mesure du gouvernement, en créant des valeurs qui n'ont, sous aucun rapport, de l'analogie avec le papier connu sous le nom d'assignats. J'ai dit ailleurs sur quoi repose la valeur hypothécaire et prouvé sa bonté par la double et même triple garantie. — L'assignat n'était garanti que par les biens des émigrés, du clergé et de la noblesse, par conséquent d'une partie de la population, qui avaient quitté momentanément le pays, mais qui, reparaissant insensiblement, rentraient en grande partie dans leurs droits comme propriétaires, tandis qu'on augmentait en sens inverse les assignats d'une manière fabuleuse et sans contrôle sérieux, au point d'arriver à un chiffre de quarante-cinq milliards ; et si je dis chiffre, c'est que déjà, pendant leur émission, la valeur n'était que nominale, et aucune mesure financière ne permettait d'espérer un amortissement ; tandis qu'une sage administration des deniers publics et une intelligente exploitation par l'Etat du capital créé par la nation, nous mènerait précisément à un résultat opposé, c'est-à-dire nous détournerait d'une banqueroute inévitable et remettrait toutes les industries sans distinction en activité, par la facilité de se procurer des capitaux à un taux peu onéreux. Faut-il enfin rappeler qu'alors la France soutenait contre l'Europe coalisée une guerre à mort, dont l'issue pouvait et devait faire craindre le retour de l'ancien régime et la rentrée des émigrés en paisible jouissance de leurs biens? Il n'y a donc pas la moindre parité entre nos valeurs hypothécaires, reposant sur des propriétés incontestées et incontestables, sur des contrats librement et volontairement consentis entre le gouvernement et les propriétaires, et le papier-monnaie, les assignats de notre première révolution, qui ne reposaient en définitive, disons-le sans détour, que sur des produits de confiscation, éminemment contestés, non-seulement par leurs anciens possesseurs, mais par tous les souteneurs du despotisme, et même une grande partie de la France, faisant cause commune avec les ennemis de la patrie.

Un troisième argument, c'est de savoir comment nous payerions les objets que nous tirons des pays étrangers? La réponse la plus courte serait que nous payerions avec l'argent que nous recevons par notre commerce d'exportation. J'admets que cette réponse est trop facile, quoiqu'elle soit la plus naturelle ; j'admets donc, ce qui est loin d'être prouvé, c'est-à-dire que les importations dépassent tous les ans de cinquante millions nos exportations ; eh bien ! ce surcroît se soldera avec l'argent que les étrangers viennent dépenser en France. S'il est vrai que nous soyons tributaires de cinquante millions par an des autres nations, il faut admettre que la balance s'opère avec ce dernier revenu, autrement il n'y aurait plus, depuis longtemps, un centime de numéraire en France : cette conclusion me paraît péremptoire, n'en déplaise à nos financiers.

Parlerons-nous de quelques objections, quoique secondaires de l'aveu même de nos adversaires? Mais pourquoi ne chercherions-nous pas à dérider le front du lecteur, après nous être appesanti sur un sujet aussi grave, et dont nous ne craignons pas de dire que dépend tout l'avenir de notre République, le repos peut-être du monde entier.

Une des craintes de nos adversaires, c'est d'avoir trop d'argent ! Faut-il réfuter ce qu'une des culottes de rechange de la dernière monarchie a avancé avec cette hardiesse qui fait qu'on ne doute de rien, parce qu'on a eu le talent de faire croire qu'on est un homme d'Etat? Je dis, oui, deux milliards de numéraire répandus sur toute la France peuvent produire une immense, la plus effroyable crise qu'on puisse imaginer ; mais entendons-nous ! pour ceux que vous défendez, et ils sont dix mille contre trente-cinq millions, qui verraient, par ce malheur que vous redoutez tant, revenir le travail. Est-ce ainsi que vous entendez nous aider à fonder la République que nous avons proclamée pendant que vous étiez aux Tuileries à conspirer contre le peuple généreux des barricades, vous aujourd'hui l'avocat des détenteurs des valeurs qu'on espère escompter bientôt à dix pour cent à la nation? Trop d'argent ! quelle sollicitude prévoyante et paternelle ! O Talleyrand des finances ! Son abondance, dites-vous, le dépréciera inévitablement. Mais cette objection n'est-elle pas une cruelle ironie ? N'est-ce pas craindre une indigestion chez un homme qui se meurt de faim, une apoplexie foudroyante chez un malade saigné à blanc ou affaibli par une hémorrhagie? Soyez donc une fois dans votre vie conséquent avec vous-même, vous qui avez avoué dans la séance du 2 août 1848 « qu'élever le taux de l'intérêt en économie est la plus grande faute. » Et vous venez combattre la seule mesure qui pourrait l'abaisser! Mais je ne sache pas qu'on veuille contracter des dettes, hypothéquer ses biens, quand on a trop de valeurs dans ses caisses, et mon projet ne donnera qu'à celui qui viendra demander à l'Etat, qui ne prête que sur bonne hypothèque et avec l'engagement de l'emprunteur, d'une restitution, il est vrai à long terme et seulement par petites fractions, ce qui facilite singulièrement l'acquittement, la libération d'un débiteur, tout en faisant bénéficier l'État. Cela renverse, soit dit en passant et je l'avoue, complétement le système financier d'aujourd'hui, voire même notre organisation sociale actuelle; car cela ne modifie pas seulement le vice organique de notre société, l'exploitation de l'homme par l'homme, mais surtout empêche l'exploitation de l'homme par le capital. Combien de travailleurs ne travaillent aujourd'hui que pour faire face aux exigences de leurs créanciers, qui les exploitent sans pitié! Combien de commerçants, que le sentiment d'honnêteté, de l'honneur rendent dignes d'un meilleur sort, se privent du nécessaire, luttent avec courage, sans espoir de récompense, uniquement pour payer et faire honneur à leurs engagements, contractés souvent à un taux usuraire, qui est d'autant plus exigeant que la détresse est grande, le besoin impérieux, les bénéfices minimes, et la concurrence excessive.

Proclamons donc hautement que le propre d'une véritable institution républicaine, telle que la banque nationale, est de secourir tous à égales conditions, et que le capital sera désormais au travail ce que la nourriture est au corps.

Gouvernants, réfléchissez-y : ceux qui nous ont conduits jusqu'au 24 février, vous font des discours pour vous prouver qu'ils sont les seuls capables de faire renaître la confiance. Ils ont mené la monarchie aux bords de la banqueroute; ils se sont mêlés avec vous pour y précipiter la République; leur erreur, si ce n'est qu'une erreur, a coûté à un roi son trône, et à la nation de pénibles convulsions : une erreur nouvelle, un retard pour la grande mesure que je vous propose, nous coûterait infailliblement nos nouvelles institutions, les seules véritablement bonnes, les seules capables de sauver notre patrie.

Ils vous disent : remettons les choses à leur place, et la confiance ne tardera pas à revenir, le crédit renaîtra : erreur ! La logique, le bon sens nous l'enseignent : sans capital, point de travail ; sans travail, point de pain, la misère ; avec une population affamée, point de confiance ; sans confiance, point de crédit ; sans crédit, la banqueroute et toutes les horreurs d'une société atteinte de maladie incurable, à moins de remèdes héroïques, toujours terribles, surtout si on ignore par quelles mains ils sont administrés. Et ce n'est pas une menace ! c'est le cri d'une conscience honnête, c'est la conviction d'un homme qui toute sa vie s'est appliqué à observer, à étudier l'homme, la société, l'humanité.

Ouvrez donc les yeux, c'est au nom des mânes de tous les hommes qui ont aimé cette pauvre France, que je vous conjure : c'est au nom des mânes de nos Manuel, Foy, Benjamin Constant, Voyer-d'Argenson, de nos Lamarque, Lafayette, Laffitte, nos Carrel, Garnier-Pagès, Godefroy Cavaignac, au nom de tous ces martyrs que la patrie honore comme des combattants tombés à l'avant-garde.

Hâtez-vous, pendant qu'il est temps encore, car nous nous appauvrissons tous les jours. Celui qui possède aujourd'hui cent francs, s'il reste cinq jours sans travailler, n'en possède plus autant après ce laps de temps : quelque économie qu'il fasse sur sa nourriture et autrement, il aura toujours consommé quelque chose et sera plus pauvre de toute la somme consommée. Ce qui est vrai pour l'individu est vrai pour la société : nous nous appauvrissons tous les jours de plusieurs millions !

Le bonheur, la prospérité et la richesse de la nation résident dans l'agriculture, l'industrie et le commerce, languissants tous faute de capitaux. Sortons donc de l'ornière qui nous conduit à une ruine inévitable ; et si la mesure que je propose nous laisse entrevoir un avenir qui n'aboutisse pas à cette terrible inconnue vers laquelle un génie fatal nous semble conduire, hâtez-vous de la proclamer. Secondez par vos efforts et avec un dévouement égal, les efforts de celui qui, sans prétentions, mais par pur patriotisme, par besoin de faire le bien, vous indique d'une manière rapide, quoique incomplète, des institutions vraiment populaires, conséquences naturelles d'un gouvernement démocratique, et qui ramèneront sans difficultés non-seulement le bien-être de tous au moyen du travail facilité par l'abondance du capital, l'instrument par excellence du travail, mais qui rendront aussi possible l'abolition de l'impôt.

Plus d'impôts, voilà le résultat soi-disant impossible ; mais au dire de nos myopes.... la République était également impossible avant le 24 février ! et déjà ils viennent avec la prétention de nous aider à l'organiser. Le suffrage universel, à les entendre, était aussi impossible, et c'est forts du suffrage universel qu'ils se présentent dans votre Assemblée ! Ah ! s'il y avait quelque chose d'impossible dans notre siècle, ce serait assurément la présence à l'Assemblée nationale de ces très-humbles serviteurs de tous les régimes : preuve matérielle que toutes les impossibilités sont en quelque sorte possibles ! Une erreur, que nous payons cher, a fait qu'on vous a crus également possibles, vous, les dignes disciples de celui qui a mis en axiome : « la parole est donnée à l'homme pour déguiser sa pensée, » ajoutant, pour prouver que vous êtes aussi dans le progrès, cette variante : « et le talent d'écrire pour déguiser la vérité (1). »

Plus d'impôts. Oui, je réponds: non, plus d'impôts à condition qu'il n'y ait de priviléges que pour l'Etat; et l'Etat dans une République, ne nous fatiguons pas de le dire, c'est nous tous. A lui seul le droit de se créer des ressources financières, pour remplacer tous ces impôts vexatoires, quand même une assiette plus équitable serait possible : Décrétez donc :

1° La création d'une banque nationale, avec un fonds de roulement déterminé, comme je l'ai mentionné plus haut ;

2° L'attribution à l'Etat du monopole des prêts sur hypothèques ;

5° Le droit exclusif du transport des lettres et des imprimés de toutes sortes ;

4° La conservation du monopole des tabacs ;

5° La concentration de toutes les espèces d'assurances entre les

(1) Voyez les seize colonnes du *Constitutionnel* (29 septembre 1848), où l'on défend tout ce qui n'est attaqué par personne.

mains de l'Etat, conséquence nécessaire du monopole des prêts sur hypothèque ;

6° Le produit des chemins de fer, que l'Etat ferait achever et dont il affermerait l'exploitation à des compagnies, moyennant un revenu annuel fixé d'avance ;

7° Les droits sur les donations, successions, etc. ;

8° Les droits d'enregistrement des ventes d'immeubles ;

9° Les droits de timbre, maintenu pour valider certaines conventions ;

10° Les droits de chasse, de port d'armes, de passe-ports à l'étranger ;

11° Les brevets d'invention ;

12° Les retenues proportionnelles sur les appointements des fonctionnaires de l'Etat, retenues qui leur donnent, comme aujourd'hui, droit à une pension de retraite après un temps déterminé de services et proportionnée aux sommes qu'ils auront versées ;

13° Une organisation des travailleurs salariés, qui, en retour d'un versement du vingtéme de leur journée, constaté sur un livret, donnerait droit à une pension de retraite civile. Cette institution, préférable aux caisses d'épargnes, leur assurerait au bout d'une période déterminée, ou à la suite d'infirmités, l'admission aux invalides civils avec une pension en argent ou une pension de retraite proportionnée, non au chiffre de leur versement, mais au nombre de journées qu'ils auraient fournies à la Société. Cette mesure contribuerait puissamment à la stabilité de nos institutions, puisque l'immense majorité de la population y aurait un intérêt direct ;

14° Par l'institution d'une caisse de prévoyance où tout citoyen, libre arbitre pour la fixation de la somme, verserait par douzième, ou annuellement une faible partie de ses revenus, pour assurer, suivant la destination qu'il indiquerait lui-même, une somme quelconque, soit à ses enfants à l'âge de leur majorité, soit à sa veuve, soit à lui-même, si des malheurs imprévus venaient à le surprendre à un âge où il tomberait à la charge de la nation.

Après les ressources financières de l'Etat, ressources qui n'auraient rien de commun avec les odieux impôts d'aujourd'hui, voyons s'il ne serait pas possible de créer des ressources pécuniaires aux départements, aux localités, que du reste l'Etat pourrait secourir dans certaines circonstances, du moins les plus mal partagés par leur situation, au lieu de ces autorisations sans fin de s'imposer extraordinairement, en faisant des emprunts, ressource de toutes les mauvaises administrations.

Telles seraient :

a. Amendes sur les absences non motivées pour remplir les droits et devoirs du citoyen.

b. Les passe-ports à l'intérieur, délivrés par les maires des communes.

c. Les établissements de prostitution ;

d. Les délits et contraventions de toutes espèces ; l'ivrognerie, etc. ;

e. Les annonces et affiches ;

f. Les chiens, chats, perroquets, singes et autres animaux rares ;

g. Les établissements de réjouissances publics, comme salles de bals, concerts, etc ;

h. Les propriétés non habitées ou de luxe, comme châteaux, parcs, terres non cultivées, non comme impôt, mais comme amende, les propriétaires laissant sans l'utiliser, ce qui pourrait abriter et nourrir des milliers de familles ;

i. Par l'institution d'une caisse communale, où chaque habitant porterait son offrande, qui serait facultative, mais dont la liste serait publiée tous les ans par les autorités communales, et affichée pendant toute l'année à l'extérieur et dans l'intérieur des églises, mairies et écoles des communes, pour rappeler continuellement la libéralité des donateurs à la reconnaissance de leurs concitoyens.

C'est de cette manière qu'il convient de procéder à un remaniement radical ; c'est à ce prix, par ces institutions populaires, que bientôt cette armée, qui coûte tous les jours au lieu de produire, deviendrait en grande partie inutile. Avez-vous oublié ce qu'on a dit si souvent à la monarchie : Malheur à ceux qui veulent gouverner par la compression ! Est-il donc si difficile de gouverner une nation qui après février portait jusqu'à son nécessaire à quelques hommes dans lesquels elle avait placé sa confiance, leur déclarant qu'on n'avait plus rien à offrir à la patrie, mais qu'on s'imposerait encore volontiers trois mois de misère en attendant que la République fût organisée ? Interrogez vos souvenirs, votre conscience, ce peuple des barricades, maître absolu de tout ce que vous lui aviez laissé envier si longtemps, a-t-il un instant abusé de sa victoire ? Pouvez-vous oublier sa générosité, même envers ses plus cruels ennemis ? Avouez qu'après des épreuves aussi décisives, il est digne des droits qu'il a conquis. Renoncez donc à ce système des monarchies, qui fait garder la moitié d'une population par l'autre moitié, toujours prêtes à s'entr'égorger. Montrez-lui cette confiance qu'il a su si bien mériter, et soyez sûrs que les sentiments qui le faisaient agir quand il n'y avait ni armée, ni police, ni gouvernement régulier, mais seulement quelques hommes qu'il reconnaissait comme ses amis, que ces sentiments, dis-je, n'ont pas changé dans les masses. Faites voir que par le mot de *réforme* vous entendez autre chose que de mettre un homme à la place d'un autre...; laissez voir que dans une république on s'applique à trouver des hommes capables pour remplir les positions, tandis que sous la monarchie, les gouvernants cherchaient des positions aux hommes pour en faire leurs créatures. Alors, soyez-en sûrs, vous n'aurez plus besoin de ces innombrables bataillons : de bons et larges cadres pour l'armée suffiront, où le courage, l'instruction, la capacité constatée et les services déjà rendus, seront les seuls titres à l'avancement. Ces cadres, vous les remplirez vite et facilement avec notre jeunesse qui ne marchande jamais son sang quand la patrie le réclame. Du reste, qu'est-ce qui empêche une instruction militaire dans nos écoles ? Elle ne fera que fortifier et rompre à la fatigue toute la jeune génération qui se perfectionnera encore comme garde nationale, et qui, au moment du danger, versera des centaines de mille hommes dans les cadres d'une large quoique peu onéreuse organisation militaire.

Du reste, soyez persuadés que le jour où le mot de Fraternité ne sera plus seulement un mot vide de sens, mais une chose qui se pratiquera entre tous les membres de la grande famille française, les frontières seront bien vite abaissées entre les nations, qui ne connaîtront plus dès lors qu'un seul ennemi, l'ennemi commun, les rois et leurs créatures, cramponnés à leurs priviléges. Alors personne ne s'inquiétera d'un homme parce qu'il porte tel ou tel nom, et qui, pour tout mérite, ne vous offrirait que sa complète et prodigieuse nullité ; entourée de tous les intrigants de haut et bas étage, au service de tous les régimes : ces hommes sans pudeur qui, après avoir calomnié ceux que le peuple avait proclamés dignes de se mettre à sa tête le 24 février, calomnient aujourd'hui la République, sachant que c'est le seul gouvernement où, tôt ou tard, la vérité triomphe.

Citoyens, au moment ou vous êtes appelés pour la première fois à exercer un droit, par lequel vous désignerez, n'interrogeant que votre conscience et votre patriotisme, le président de notre nouveau gouvernement, n'oubliez pas que c'est du suffrage universel que vos ennemis espèrent voir sortir cette monstruosité sans nom, cette nullité qui nous rendrait la risée de toutes les nations, et par laquelle ils comptent bien prouver au monde l'impossibilité d'accorder des droits à ce qu'ils appellent le peuple. Plein de confiance dans votre jugement, j'espère que vous ne donnerez votre suffrage qu'à des hommes qui disent non-seulement « tout pour le peuple, « mais qui, amis sincères de la République, ajoutent : « et par le peuple. » Croyez-moi, si la République n'a encore enfanté aucune de ces grandes institutions démocratiques et sociales, ce n'est pas que les hommes capables et bien intentionnés manquent dans notre Assemblée nationale ; mais parce que quelques habiles, qui ont fait leur école sous un autre régime, ont reparu trop tôt après l'orage populaire. Leur habileté malfaisante a suffi pour écarter petit à petit et démonétiser dans l'esprit du peuple, à l'aide d'insinuations habilement exploitées, tous les véritables amis de nos institutions démocratiques. Après la colomnie des hommes, la calomnie des choses : et pourquoi ne voudraient-ils pas avoir raison ? N'ont-ils pas toujours dit que la République était impossible ? C'est pour le prouver qu'ils entravent toutes les mesures propres à rendre à notre société la tranquillité. N'ont-ils pas toujours déclaré le suffrage universel impossible ? C'est pour le prouver qu'ils appuieront de toute leur influence et par tous les moyens en leur pouvoir l'ambitieux auquel la République a rouvert les portes de la patrie ; c'est en haine de cette République et dans l'espoir de voir renaître, sous un despotisme quelconque, tous les abus et priviléges de caste qu'elle entend abolir, qu'ils pensent arriver à prouver au pays que ce choix est un malheur et, par conséquent, l'élection par l'universalité des citoyens une absurdité. Voilà ce que nos habiles du jour appellent des combinaisons profondes, mais qu'on appellerait mieux infernales, criminelles, et c'est pour cela qu'il faut se hâter de les divulguer.

Sous la monarchie on faisait peur au peuple de la république, qui, à entendre les roués de l'époque, ne pourrait se passer de la guillotine; selon eux nous ne rêvions que millards à partager, comme si les riches possédaient des millards sans le travail de ceux qu'ils calomniaient. Aujourd'hui c'est le communisme qui veut tout partager, à les entendre ; tandis qu'il ne demande que le partage du travail ; c'est le socialisme qui veut tout absorber, pendant qu'il n'a d'autres prétentions que de prouver que tout devient productif dans des mains habiles et qui veulent s'utiliser, alors qu'eux-mêmes ne demandent que de jouir. A les entendre, on voudrait la destruction de la famille ; pendant que ce sont eux le plus souvent qui portent la désolation et le déshonneur, là où la vertu et la paix de l'artisan avaient planté leur tente ; conséquences naturelles du désœuvrement et des jouissances que l'argent leur permet de se procurer. Vous les accusez de vouloir la destruction de la famille ! mais, qui ne sait que c'est dans vos palais somptueux qu'elle a depuis longtemps perdu le droit de cité ; d'attenter à la propriété, de nier le droit de posséder ! mais on ne vous demande pas vos propriétés, on ne vous demande que le droit de les rendre plus productives par le travail. Vous criez au communisme ! mais si le communisme existe tel que vous le comprenez, c'est chez vous, qui vous liguez pour affamer vos frères, ce peuple si résigné dans son malheur, si généreux après la victoire et qui, quoique enivré de son triomphe, désignait pour présider aux destinées de la nation, le vénérable Dupont de l'Eure, ce vétéran de la probité politique ; Lamartine, ce drapeau de l'intelligence et du génie français, pour dire aux nations dans son langage poétique et avec cette âme qui ne comprend que le bien : « Désormais le précepte « de l'Évangile, le dogme de la fraternité sera pratiqué ; si nous « gardons encore nos instruments de destruction, c'est pour vous « aider à extirper des institutions vermoulues. » C'est ce parti qui, se souvenant du nom d'un de ses soldats d'avant-garde, tombé avant la victoire, désigna Cavaignac, le représentant de la force, de la persévérance et de la modération, à qui quinze ans de fatigues au profit de la France, n'ont valu de la part des ennemis de la République que la calomnie de la mémoire de son père, n'ayant rien à reprocher à lui-même, et qui n'a d'autres torts que de leur avoir prêté encore quelques sentiments d'honnêteté, de patriotisme, et d'avoir cru qu'en leur laissant le temps de se rallier à la République, on arriverait à cette réconciliation tant désirée par tous les amis de la patrie et de l'humanité.

Qui ne se rappelle toutes ces basses calomnies déversées sur l'homme qu'ils regardent comme l'auteur principal de la chute de cette vertueuse monarchie ? J'ai nommé Ledru-Rollin, l'esprit personnifié de notre révolution, et qui, dans l'Assemblée nationale, paraît le mieux comprendre les tendances de nos nouvelles générations, les nécessités du moment, et qui, en navigateur intrépide et inspiré comme Christophe Colomb, vous dit : « C'est ici ; » et avec cette foi que rien n'ébranle et à qui aucune calomnie ne sait imposer silence, « c'est dans cette direction que nous trouverons la terre promise, la « félicité possible en ce monde, qui tient à la solution du problème « social, le capital. »

Écrivant pour le peuple, qu'il me soit donc permis, avant de terminer, de répondre encore par un exemple à un homme qui, par sa souplesse, sous un gouvernement corrompu, est arrivé aux plus hautes dignités, et qui, continuant aujourd'hui son rôle de don Quichotte, se pose en défenseur de ce qui n'est pas attaqué, et, combattant les mesures les plus utiles, s'écrie à tout propos (pour prouver, selon lui, l'absurdité des propositions émanées de véritables amis du peuple) : « Mais vous ressemblez à un médecin qui, pour combat« tre un mal, produirait une maladie à son client. » J.-J. Rousseau (1) dit : « L'homme du monde est tout entier dans son masque. « Ce qu'il est n'est rien, ce qu'il paraît être est tout pour lui. » Portrait frappant de notre professeur d'économie politique, qui, ne lui en déplaise, ne me paraît guère plus ferré en médecine. Nous nous permettrons donc de vous dire avec l'auteur d'*Émile* (2) : « Le mal « n'est pas dans ce qu'on n'entend pas, mais dans ce qu'on croit en« tendre. » Tous les jours on voit des médecins, ceux-là surtout qui s'instruisent de préférence dans le grand livre de la nature, faire ce que vous regardez comme une absurdité, et que l'observateur,

(1) *Émile*, livre IV.
(2) *Émile*, livre III.

dans la science de soulager l'humanité, appelle de la médecine perturbatrice, laquelle est journellement couronnée de succès. L'homme intelligent ne se borne pas seulement à accumuler dans son cerveau ce que d'autres ont mis dans leurs livres, où on trouve souvent tout, excepté ce qu'il serait nécessaire de connaître. Cherchez, par exemple, dans les auteurs comment on guérit le choléra. Vous trouverez mille remèdes, et c'est justement la quantité qui cause l'embarras du praticien. D'autres, avec plus de franchise, avouent que la maladie est incurable, et le prouvent par des arguments sans réplique : 1° parce que les médicaments pris sont ordinairement presque aussitôt rejetés ; 2° parce que les progrès du mal, qui sont très-rapides, tuent avant que les remèdes aient trouvé le temps d'agir ; 3° enfin, parce qu'on ne connaît pas sa cause et que l'autopsie nous laisse ignorer le siége réel du mal. Voilà des raisons péremptoires : les combattre serait noircir sans succès plus de papier qu'il n'en a fallu pour les établir. Aussi le problème ainsi posé paraît-il insoluble. Guérir une maladie reconnue incurable, quelle impasse ! Indiquer à une nation qui se meurt dans la plus affreuse misère le moyen de ranimer le travail, l'aisance, la confiance, le crédit, quelle prétention ! Mais la solution du problème est de savoir changer une maladie incurable en une maladie qui offre quelques chances de guérison. Dans le choléra, la circulation est languissante, souvent presque éteinte ; le praticien intelligent la ranime, quitte à produire une maladie inflammatoire grave, mais contre laquelle la médecine est loin d'être impuissante. C'est de cette manière qu'il triomphe quelquefois. Ce qui est à faire contre cette terrible maladie est, selon moi, applicable à la position non moins terrible de notre société actuelle. L'épidémie qui nous décime provient du manque d'argent et de l'amour excessif pour ce métal, fruit de la corruption érigée en moyen de gouvernement par la défunte monarchie ; ramenez-donc cette circulation de notre société en créant le capital, l'indispensable instrument du travail, et pour nous guérir en même temps de cette soif d'argent, créons-en beaucoup : l'antidote contre cette maladie, c'est son abondance.

C'est donc de l'organisation d'une banque, proportionnée à l'importance du gage que la nation peut présenter en garantie du fonds de roulement reconnu nécessaire à l'activité nationale, que dépend l'avenir de la République; car, sans la solution de la question financière, tous les efforts des hommes, toutes les institutions humaines, quelque nom qu'elles portent, resteront impuissantes et n'éviteront pas de nouvelles commotions sociales.

C'est par les résultats que se jugent les institutions des peuples. Un rapide coup d'œil jeté sur le demi-siècle qui vient de s'écouler nous apprend ce que nous pouvons attendre des institutions monarchiques. Les monarchies ne peuvent subsister qu'avec le privilége d'un côté et l'ignorance de l'autre. Cette double condition, sapée depuis la découverte de l'imprimerie, croule de toutes parts et ne sera plus possible désormais. Aussi voyons-nous disparaître et la monarchie de Louis XVI, appuyée sur une noblesse fortement organisée, et la monarchie impériale, malgré toute sa gloire et une grandeur éphémère, aboutissant à un désastre dont témoignent encore aujourd'hui nos frontières mutilées; puis la monarchie de Charles X, étayée par un clergé qui se faisait fort d'éteindre le flambeau de l'intelligence, la liberté de la presse, conquête que le peuple de Paris n'entendait pas sacrifier au vieillard stupide, dont on disait avec raison, qu'il n'avait rien oublié, ni rien appris; notre dernière monarchie, enfin, entourée de l'aristocratie de l'argent, qui, se recrutant par la corruption, a engendré la révolution dont nous venons d'être témoins. Convaincu, par tous ces essais, que le gouvernement monarchique est incapable de rendre le peuple heureux, on a salué l'avénement de la République par d'unanimes acclamations : ce n'est pas cette république à laquelle voudraient bien consentir les habiles qui ont reparu le lendemain de l'orage. Dans leur ingratitude, ils ont volontiers fait le sacrifice de leur maître, trompé par leurs basses adulations; mais ils tiennent trop aux choses, aux abus, aux priviléges, pour vouloir les conséquences d'une pareille institution.

Aussi dès le premier moment se sont-ils appliqués à pratiquer ce qui leur avait si longtemps et si bien réussi sous la monarchie : « Diviser pour régner. » Acceptant la République dont ils ne voulaient pas mais..., ils ont déclaré qu'ils seraient républicains — à condition qu'on remettrait tout à sa place comme avant, et se sont décerné le modeste nom de républicains modérés, comme ils s'étaient appelés sous la monarchie le *parti des honnêtes gens*, parti qui a fourni les Praslin, les Teste, Cubière, etc. Dignes disciples de Loyola, savez-vous ce qui ressemble le plus souvent à un honnête homme? C'est celui qui veut tromper son semblable, le fripon : au juste le bon témoignage de sa conscience ne lui laisse pas même penser qu'on puisse le juger autrement. Trop lâches pour dire ce qu'ils regrettent, ce qu'ils appellent de tous leurs vœux, ils se drapent de la robe d'innocence et crient à la république rouge, à la république sociale. A la république rouge, parce qu'on veut détruire les abus, extirper les priviléges qui profitent à quelques-uns, et qu'on veut faire profiter à tous. Ce qu'il y a de rouge chez nous, c'est notre front, rougi par la honte de vous avoir pour frères! — A la République sociale, comme si un gouvernement de tous, par et pour tous, n'impliquait pas nécessairement le mot social. C'est donc la république de Rome, avec ses patriciens, ses plébéiens et ses esclaves qui vous conviendrait! mais c'est effacer 1789, 1830, 1848; c'est reconstituer une noblesse avec ses aristocrates, une bourgeoisie avec ses vilains, et le prolétariat, l'esclavage des temps modernes; c'est vouloir une république de nom, avec toutes les iniquités de la monarchie. Vous criez anathème sur les hommes qui pensent que notre organisation actuelle demande de grandes réformes, des réformes radicales. Vous trouvez qu'une société est bien organisée, quand au milieu de l'abondance, accordée par la Providence, la moitié de la population vit de privations pendant six mois, faute d'un salaire suffisant, et risque de mourir de faim les autres six mois, faute de travail; vous trouvez merveilleuses des institutions qui ne permettent pas au travailleur fatigué d'humecter ses lèvres, à son frugal repas, d'un verre de vin qui lui rendrait un peu de ses forces dépensées au profit de la société, pendant que le producteur sait à peine comment et dans quoi le conserver. Vous trouvez que tout ici-bas est pour le mieux, parce que vous êtes venus au monde avec dix, vingt, cent mille francs de rentes, n'ayant le plus souvent d'autre mérite que de vous être donné la peine de naître; pendant que des milliers de familles, que vous exploitez odieusement, usent leur santé et sont privées du nécessaire. Otez donc votre masque, puisqu'il ne cache guère que votre dépit, la rancune de votre défaite du 24 février! Dites que vous ne voulez pas de la république, que vous regrettez l'aristocratie nobiliaire, le despotisme militaire, l'aristocratie cléricale et surtout votre œuvre, cette honnête aristocratie financière, sous laquelle l'honneur national se cotait journellement à ce grand tripot appelé *Bourse* : le peuple, plus généreux, vous pardonnera et vous conviera même à prendre part à l'unique aristocratie désormais possible, l'aristocratie de l'intelligence et du travail. C'est celle-là que nous voulons fonder, c'est pour celle-là que nous demandons des institutions démocratiques, seules possibles avec une république et qui la rendront riche et puissante ; alors, croyez-moi, vous ne verrez plus le frère combattre le frère, et les vainqueurs de la monarchie, les héros de février, ne se trouveront plus les vaincus de juin, vos coupables sous la république. C'est par des conceptions hardies, neuves mais praticables comme la Banque nationale, que vous donnerez un nouvel essor à notre commerce, de l'activité à nos industries, et que vous favoriserez le développement de notre agriculture.

Citoyens représentants, sortis du suffrage universel, notre conquête de février, seule institution capable de donner de la stabilité à notre état social, c'est de vous que nous attendons la réalisation, la mise en pratique de ces grandes et utiles conceptions. C'est vous qui êtes appelés à opérer ces réformes aux cris desquelles la révolution s'est consommée; si vous êtes l'expression sincère du suffrage universel, faites qu'on ne dise pas un jour des élus de 1848, ce qu'un ministre de Henri IV disait, en son temps, des membres du conseil des finances : « Ils ne sont jamais d'accord, pour faire le bien pu« blic ; mais ils sont toujours d'intelligence quand il s'agit d'impôts « ou de voler. » (Sully, *Economies royales*, T. 1.)

F. BUCHHOLTZ (de Wissembourg).

Paris. — Imprimerie Schneider, rue d'Erfurth, 1.

www.ingramcontent.com/pod-product-compliance
Ingram Content Group UK Ltd.
Pitfield, Milton Keynes, MK11 3LW, UK
UKHW022144260726
13993UKWH00005B/2139

9 782329 152295